W0038874

Albert Dexelmann

Amen am Rand der Nacht

Albert Dexelmann

AMEN AM RAND DER NACHT

Abendgebete

HERDER

FREIBURG · BASEL · WIEN

© Verlag Herder GmbH, Freiburg im Breisgau 2013
www.herder.de

Bibelzitate: Die Heilige Schrift des Alten und Neuen Bundes
(„Herder-Übersetzung")

Satz: Barbara Herrmann, Freiburg
Herstellung: fgb · freiburger graphische betriebe
www.fgb.de

Printed in Germany

ISBN 978-3-451-32453-6

Ein Buch zum Fallenlassen

Mir selber fielen oft die Augen zu, bevor ich ein Abendgebet auf die Reihe gekriegt habe. Deshalb habe ich in wachen Zeiten Vorschläge festgehalten, die die letzten Gedanken des Tages im Gottgespräch ausklingen lassen. 101 kurze spirituelle Impulse mit Stichworten wie Atem, Traum, Begegnung, Menschenwürde. Auch sehr Alltägliches kommt vor, zum Beispiel Handy, Klamotten, Hosentaschen, müde Füße, Licht aus. Ein vom Verlag liebevoll ausgestatteter Halbleinenband, der es wohl aushalten wird, wenn er dem eingeschlafenen Beter öfter mal aus der Hand fällt.

Albert Dexelmann

Aufschluss

Gerade wenn wir im vollen Leben stehen,
sammelt jeder Tag Stichworte
für ganz unterschiedliche
Gespräche mit Gott.

Gerade wenn wir uns tagsüber aktiv einbringen,
wird der Rand der Nacht bedeutsam:
für den brachliegenden Teil
unseres Gemüts
für die tieferen Schichten der Seele,
für die Segenskräfte der göttlichen Güte,
die unsere Verzettelungen heilend einfangen.

Gerade dieser Rand der Nacht
lässt durch alle Lebensgeräusche hindurch
aufhorchen zu Gott hin,
der uns beim Namen ruft.

Die Antwort, die wir geben,
kann einen lebenslangen Gesprächsweg
spuren.

Die Sendung Gottes peilen.

Darauf Ja und Amen –

INHALT

7

TRÄUMERSEELE

Mensch Gott,
wie hat sie sich verkrochen,
meine Harry-Potter- und Momo-Seele.
Verjagt von den Ordnungspunkten
dieses Tages und seinen Zwängen.
Verscheucht von allem,
was die Träume totschlägt.

Hilf mir, Gott,
ihr gut zuzureden:
Trau dich raus.
Die Luft ist rein.
Schwing dich auf

ins Reich der Träume –

GEN 37,9 | *Ein andermal hatte er wieder einen Traum*
und er erzählte ihn seinen Brüdern.

WAS FÜR EIN TAG

Mein Gott,
was für ein Tag?
Ein guter?
Ein schlechter?
Mein Tag?
Super Tag?
Ein Loser-Tag?
Ein Kannste-vergessen-Tag?
Ein reicher Tag?
Ein Ärger-Tag?
Ein Liebes-Tag?
Ein Schwebe-Tag?
Ein schwerer Tag?

Gib mir die Nacht,
die dazu passt

im Geheimnis deiner Güte –

Ps 19,3 | *Der Tag gibt weiter das Wort an den Tag,*
die Nacht vermeldet der Nacht ihre Kunde.

MENSCHENWÜRDE

Gott, du kennst
meine lange Leitung.
Im Umgang mit den Menschen
hab ich alles Mögliche realisiert.
Ihr Outfit und ihre Tauglichkeit
– und wie viel später erst
ihre Menschenwürde,
ihren unverwechselbaren Perlenwert.

So nehme ich mir mit dir
ein wenig Zeit dafür,
den aufzuspüren
in den Gesichtern dieses Tages.

Und auch mein Gesicht
deinem Wertblick auszusetzen –

Ps 8,5 | *Was ist der Mensch, dass du seiner gedenkst,
des Menschen Sohn, dass du Sorge trägst um ihn?*

MENSCHENELEND

Gott noch mal,
was gibt es bloß für arme Teufel.
Ganz verrissene
und schick gestylte.
Da sind mir Menschen begegnet,
erbärmlich, verkommen, kaputt.
Vielleicht hatte ich für den einen oder die andere
ein gutes Wort oder einen guten Blick ...
Aber da bleibt das viele Elend,
das ich nicht beherzigen,
geschweige denn ändern kann.

Ich kann es nur dir anvertrauen,
dem Menschensohn, der nicht wusste,
wohin er sein Haupt legen sollte.
Ich halte es dir hin mit manch anderer Sorge.
Und hole tief Luft in der Seele,
damit die Lunge meines Lebensvertrauens
davon nicht verkrustet und zugesetzt wird.
Führe mich auf dem Weg

der Liebe und der Freude –

LK 9,58 | *Die Füchse haben Höhlen und die Vögel
des Himmels Nester: Der Menschensohn aber hat nichts,
wohin er sein Haupt legen kann.*

FÜLLE DER ZEIT

Gott, man sagt von dir,
dass du kommst
in der Fülle der Zeit.
Ein schönes Bild:
Die Zeit ist erfüllt.
Ob es mir hilft,
auf diesen Tag zu schauen?
Hat sich heute die Zeit erfüllt?
Oder ist sie verplempert oder verduftet?

Du willst sie mir
als Heilszeit nahebringen.
Lass uns im Gespräch bleiben
und diesem Geheimnis
der erfüllten Zeit

auf der Spur –

MK 1,15 | *Die Zeit ist erfüllt*
und das Reich Gottes ist nahe.

LUST

Mein Gott,
es war heute
eine Lust zu leben.
Ich durfte es mit vollen Zügen
genießen: dieses herrliche Leben.
Da will ich dir
von Herzen danken
und einstimmen
in das Lob der Liebe.

Es soll mich tragen
durch Tage und Nächte –

Koh 9,7 | *Also iss fröhlich dein Brot
und trink vergnügt deinen Wein.*

SPUREN

Gott, wie ist das
mit der Flüchtigkeit der Zeit?
Manches kann ich ja nun wirklich vergessen
von dem, was heute war.

Aber da prägt sich auch etwas ein
in mein Gedächtnis,
in die Tiefen meiner Seele.
Ich bitte dich um deine Nachhilfe,
dass das Gute und Hilfreiche
nicht verlorengeht.
Und um deine mächtige Prägekraft.
Dass es sich mir tief einprägt.
Auf dass an deinem Jüngsten Tag
die Frucht der Ewigkeit
sich ausprägt.

Staunend über das Geheimnis
der leichten Last und Kraft
wundere ich mich in die Träume hinein –

MT 11,30 | *Denn mein Joch ist sanft
und meine Last ist leicht.*

HANDY

Guter Gott.
Ich möchte mich heute Abend
um mein inneres Handy kümmern,
meine Verbindung zu dir.
Tagsüber schalte ich es öfter einmal ab.
Weiß Gott, da habe ich anderes im Kopf.
Du aber klopfst an und meldest dich
auf der Mailbox meiner Seele.
Da will ich mit dir deinen Impulsen
noch mal nachlauschen,
die du mir heimlich gegeben hast:
in der Menschenbegegnung;
in den Wundern der Natur;
in den Freuden und Extasen;
in Schreien der Not;
in mancher Frage: Warum?;
in satter Erfahrung: ja, darum bin ich auf Erden.
Danke für die Impulse.

Lass uns gut im Gespräch bleiben –

JES 43,1 | *Fürchte dich nicht, denn ich habe dich ausgelöst
und rufe dich beim Namen; mein bist du.*

NACHRUF

Ja, Gott, so ist es halt.
Kaum habe ich
das Telefongespräch beendet,
dann fällt mir wieder noch was ein.
So auch jetzt mit dir.
Das wollte ich dich ja ewig schon mal fragen:
Wie managst du eigentlich die vielen
Ansprachen und Anrufe?
Da wäre so eine Mailbox für dich
auch 'ne gute Idee.

Was mir guttut bei dir:
Ich denke, das Wichtigste kommt an.
Ob jetzt gleich oder verzögert.
Da will ich dir denn auch sagen,

was mir hier und jetzt wichtig ist –

Ps 139,14f | *Meine Seele erkennt es sehr wohl.*
Nicht verborgen war vor dir mein Gebein.

Netz und Hängematte

Gott der Liebe.
Es ist schon ein wunderbares Verbindungsnetz,
das du knüpfst.
Uns verbindet mehr als der ganze virtuelle Kram:
Liebe; du kennst dich da aus.
Liebe mit all ihrer Phantasie,
mit den gewaltigen Kräften, die sie mobilisiert,
mit den Zärtlichkeiten, die sie austauscht.
Ich spüre dem Tag nach
und hin und wieder verspüre ich
das Schwingen deiner Fittiche,
auf denen du mich trägst.
Oder ist es die Grundwoge
eines sanften Zerrens und Wiegens,
die dieses ganze Netz durchzieht?
Danke, dass ich darin eingeknüpft sein darf.

Und ich schäme mich nicht,
unser Netz als Hängematte zu gebrauchen,
in der ich meine Seele bette

und in den Schlaf wiege –

Ps 91,4 | *Mit seinen Flügeln beschirmt er dich,*
unter seinen Fittichen bist du geborgen,
seine Treue ist dir ein schützender Schild.

DAY-PACK

Jesus, mit einem Day-Pack
hast du mich losgeschickt
in diesen Tag.
Mehr brauchst du nicht,
hast du mir versprochen.
Alles, was über den Tag hinausgeht,
durfte ich bei dir abstellen.
Gut, dass ich so leicht bepackt war.
Das hat Schwung ins Leben gebracht.

Aber du kennst mich ja:
Bis jetzt am Abend
habe ich mir wieder viel aufgepackt
von den Gewichten dieser Welt.
Die kann ich allein nicht so abwerfen, wie die Schüler
nach der Schule den Ranzen in die Ecke stellen.
So will ich mir doch von dir helfen lassen
beim Abladen.

Gewichte loswerden.

Ablegen.
Aufatmen –

Mt 6,34 | *Jeder Tag hat genug eigene Plage.*

Die Augen schliessen

Wenn ich noch so rumblinzle,
allmächtiger Gott,
dann täte mir der Finger
deiner göttlichen Rechten gut.
Schließ mir damit
die Augen des Schlafes.

Ummantele mich mit deinem Schutz
und heilsamem Dämmern.
Denn diesem Finger vertraue ich mich an
und diesem guten Dunkelsamt,

der Gnade der geschlossenen Augen –

GEN 2,21 | *Nun ließ Gott, der Herr,
einen Tiefschlaf auf den Menschen fallen.*

DIE OHREN SCHLIESSEN

Dies offene Organ,
o Gott –
mein Ohr,
das du mir eingestiftet hast.
Es hat keinen sichtbaren Verschluss.
Und so zanken sich
in seinen Schneckengängen
noch Geräuschfetzen des Tages,
und Melodien schwirren herum.
Schenke auch meinem Gehör
und dem inneren Ohr der Seele
einen guten Abschluss.

Da du mich beim Namen rufst,
sei es dieser Klang,
der mein Ohr

schließt und schützt –

Mk 7,35 | *Da öffneten sich seine Ohren.*

GEDÄCHTNIS DER VERSTORBENEN

Ewiger Gott,
da ich mich anschicke,
den Tag abzuschließen,
fallen mir die ein,
die schon vorausgegangen sind.
Meine letzten Gedanken von heute
verschwende ich an sie.
Ich sage dir ihre Namen
und mein Herz hält dir alles hin,
was du verbindest und verknüpfst
über den Tod hinaus.

Ja, so haben wir heilsam
miteinander zu tun –

HEBR 12,1 | *... die wir eine so große Wolke von Zeugen
um uns haben ...*

WUNDER

Gott des Lebens.
Da lege ich mich hier ausgepowert hin,
müde und spröde.
Und ich warte auf das Wunder des Schlafs.
Darin erneuert deine Schöpferliebe
so vieles, was sich aufgebraucht hat.
Ich traue dieser segensreichen Erneuerung
und preise dich dafür.

Ja, die Erquickung und Erneuerung,
welche Gnade –

MT 11,28 | *Kommt alle zu mir,*
die ihr mühselig und beladen seid.

ÜBER DIE LEUTE REDEN

Guter Gott,
ja, ganz durcheinander
kommen mir die Leute in den Sinn,
denen ich heute begegnet bin.
Sympathische und unsympathische,
Macher und Loser,
echt Vertraute und flüchtige Bekanntschaften.

Ich erzähle dir noch ein bisschen
von der und dem und dem und dem
... ...
... ...

Ps 122,8 | *Ich rufe ob meiner Brüder und Freunde:*
Über dich komme Friede!

Sympathisanten

Ja, Gott,
auf einem wohltuenden Pfad
möchte ich die Erinnerungen dieses Tages
mit dir noch einmal durchwandern.
Er ist markiert von den guten Leuten,
den netten Kerlen,
den wohlwollenden Helferinnen,
all denen, die du mir heute
geschickt hast,
um mich zu erinnern
an die Liebesspuren im Leben.

Ich erzähle dir
von diesen Menschen.
Ich verdanke ihnen viel
und schildere sie dir.
Sage ihre Namen
und nenne dir auch
die Namenlosen
... ...
... ...

APG 19,31 | *Auch einige Beamte der Provinz Asia,*
die ihm wohlgesinnt waren ...

LICHT AUS

Guter Gott,
mit einem Knipser
mache ich das Licht aus
und den Tag zur Nacht.
So schnell kann meine Seele nicht umschalten.
Dimmen ist angesagt.
Und das Runterfahren
macht die Seele nicht so problemlos wie der PC.

Ja, und spätestens da
brauche ich dich und dein Geleit
beim Abstieg aus den Verstiegenheiten des Tages.

Danke für deine Geduld.
Du kennst ja die Tritte.
Lass mich sanft landen
am Boden der Nacht.

Danke für dein Mitgehen –

Mt 11,29 | *Ihr werdet Ruhe finden für eure Seelen.*

TECHNIK

Gott, deiner Welt
bin ich wieder
in technischem Zugriff begegnet,
fast den lieben langen Tag lang.
Nun aber spätestens
hilf mir, den Krampf zu lösen,
mit dem ich verspannt
begreifen musste
an den Kupplungen der Machbarkeit.

Öffne all meine Sinne wieder
für die Sichten
und Zärtlichkeiten der Liebe.
Und lass mein Wesen darin aufblühen

für Zeit und Ewigkeit –

MK 7,33f | *Und er nahm ihn aus der Menge beiseite,*
berührte seine Zunge mit Speichel ...
und sprach zu ihm „Effata", das heißt: „Öffne dich!"

SACHLICHKEIT

Vater im Himmel,
ich habe den Bereich verlassen,
in dem ich fest bei der Sache sein musste.
Mit dem Abend und der Nacht
hat sich mir ein anderes Reich aufgetan:
das der Nebensachen, der Kleinigkeiten und der Liebe.

Als Wanderer zur Ruhe hin
durchschreite ich dieses weite Reich.
Lass meine Seele hier Wurzeln treiben,
besonders in den Träumen.
Dann kriegen mich die morgigen Wichtigkeiten
nicht so fest in den Griff.

Und ich spüre
gleichsam wie im Spiel
das andere Licht

und seine Seligkeit –

MT 6,34 | *Sorgt euch also nicht um den morgigen Tag,
denn der morgige Tag wird für sich selber sorgen.*

Akku

Guter Gott,
ja, der Akku des Handys muss noch ans Netz.
Ruhig und rufbereit liegt es da.
Das hilft mir, abzuschalten
und zu testen,
ob heute Abend die Seele
verbunden ist mit dir.

Aufladebereit?

In einem Funkloch?

MT 24,44 | *Darum seid auch ihr bereit.*

Materialermüdung

Gott,
viele Stoffe,
so sagt man, ermüden
nach zehn, fünfzehn Jahren.
Sie werden spröde und porös,
undicht und verblasst.
Irgendwie ging es meinem Wesen
so ähnlich im Laufe dieses Tages.

Hilf mir, damit umzugehen,
den Verschleiß zu akzeptieren,
aber das Herz offen zu halten

für die Erneuerung deiner Gnade –

Mt 9,16f | *Niemand setzt doch einen Flicken neues Tuch auf ein altes Kleid; denn der Flicken reißt vom Kleid ab und der Riss wird noch schlimmer. Auch füllt man nicht neuen Wein in alte Schläuche. Sonst zerreißen die Schläuche, der Wein läuft aus und die Schläuche sind verdorben.*

Abstieg und Aufstieg

Vater im Himmel,
was war das für ein Tag?
Das Auf und Ab von heute Morgen und heute Mittag
geht mir nach.
Ich kann es mit meinem Gefühl
so schwer ausmachen,
ob ich weitergekommen bin
auf dem Weg zum Lebensgipfel.
Oder ob ich weggerutscht bin
nach unten.

Schau du mit mir
auf die Höhen und Tiefen
und sei mir nahe.
Auf dass ich diese Nacht
als gesegnete Raststation erlebe.
Ja, lass meine Seele träumend vorschmecken,

wie Ankommen gehen wird –

PHIL 2,7–9 | *Er entäußerte sich selbst, nahm Sklaven-*
dasein an und wurde den Menschen gleich. ...
Darum hat Gott ihn erhöht ...

ORANT

Gott, du kennst
die bevorzugte Schlafstellung meiner Seele,
ob es ein Wegkuscheln
oder eine Offenheit für den ganzen Himmel ist.

Da tut sich aber nachts etwas,
nicht unbedingt an der Körperstellung ablesbar.
Aber doch so ähnlich.
Ich beginne, die Hände der Seele zu erheben
zu dir wie der Säugling.
Ja, Gott, so ist es gut.
Jetzt am Abend kuscheln

und in den Morgen hinein
dann die erhobenen Hände –

Ps 134,2 | *Erhebt eure Hände zum Heiligtum.*

NACHTVÖGEL

Nachts fliegt ja viel herum,
Gott.
Die Eulen, die Nachtfalter,
die Fledermäuse.
Einen sonderlichen Flug
haben alle diese Nachtviecher.
Aber sie schaffen es in der Dunkelheit.
Und meine Seele, o Herr,
breitet auch ihre Flügel aus.
Irgendetwas von meinem Wesen
ist nachtaktiv.

Paare es
mit gesegnetem Schlaf –

Ps 139,11 | *Und sagte ich auch: Finsternis soll mich*
bergen und Nacht mich umgeben, wie sonst das Licht:
So ist doch die Finsternis selbst nicht dunkel für dich,
Nacht ist dir hell wie der Tag.

Vogelschlaf

Gott, du Seele des Lebens.
Genial stelle ich mir das vor,
wie die Vögel schlafen.
Den Kopf in die Federn gekuschelt.
und die Füße
so fest um den Zweig gekrallt,
dass sie selbst in stürmischen Nächten
nicht herunterfallen.

Ja, um einen solchen Schlaf
bitte ich dich:
entspannt in den oberen Schichten
meines Wesens.
Und tief unten fest gehalten
in unerschütterlicher Gnade,

gut greifender Liebe –

1 Thess 5,6 | *Lasst uns also nicht schlafen wie die anderen,
sondern lasst uns wachsam und nüchtern sein.*

Ritual

Gott meiner Lebensjahre,
jeden Abend ein ähnliches Ritual:
Gutenachtküsse,
Zähneputzen, Toilette,
Entblättern und Abkuscheln.
Ja, und irgendwo dazwischen
wechsle ich mit dir Worte, von Kindesbeinen an.
Auch so ein Ritual.
Hilf mir, dass ich auf beide Weisen
mit dir verbunden bleibe:
sowohl durch gute Gewohnheiten
als auch aktuell und spontan.

Wegen deiner tragenden Verlässlichkeit,
und auch im Aufblitzen

des unvergleichlichen Zusammengehörens –

Ps 4,9 | *Ich lege mich nieder und schlafe in Frieden;*
denn du allein, Herr, lässt mich wohnen in Sicherheit.

SCHLIMME BILDER

Vater im Himmel,
bevor ich meine Augen schließe,
will ich meinen Sinn zu dir erheben.
Aber es ziehen Bilder an meinem Innern vorbei,
die Grauen und Zerstörung zeigen.
Was sich die Seele da reingezogen hat
von den Kaputtheiten dieser Welt –
wie soll ich es einordnen?
Hilf mir, guter Gott,
tagsüber ein bisschen zur Heilung beizutragen.
Auf dass die guten und heilenden Bilder
wieder stärker werden
und ich in ihrem Bannkreis wohne.

Und lass mich des Nachts
ob der irgendwo auf der Welt
unwirtlich entfesselten Todesgewalten der Elemente

nicht trostlos –

Ps 18,17 | *Er streckte seine Hand aus der Höhe
und fasste nach mir
und zog mich heraus aus den tiefen Wassern.*

Den Seinen gibt's der Herr im Schlaf

Ja, guter Gott,
mit einer Prise Spott
wird dies Wort oft zitiert.
Ich habe schon kapiert,
dass ich meine Hände
nicht in den Schoß legen soll
und das Reich Gottes
nicht verpennen soll.
Aber das, was du da im Schlaf schenkst –
es soll nicht an mir vorübergehen.

Oh, das ist viel!
So ahne ich,
dass du etwas einlagern willst
in diese tiefen Schichten
meines Schlafwesens.
Ich habe Grund,
vertrauend die Augen zu schließen.

Danke. Amen.

Ps 127,2 | *Ihr esst das Brot einer harten Mühsal,*
doch den Seinen gibt der Herr es im Schlaf.

KONZERT

Gott, ich öffne das Fenster
und höre hinaus in den Abend.
Ein eigenartiges Konzert
stimmt sich da zusammen.
Die klassische, große Symphonie
des Vogelorchesters.
Das Abebben der Verkehrsgeräusche.
Die leisen Töne der Nacht.
Meistens ist es eine Wohltat, da zuzuhören.

Meine Seele findet zurück,
zur schlichten Lebensmelodie,
die dieser Tag neu erklingen ließ.
Und ich lasse sie ausklingen

zur gesegneten Ruhe hin –

1 Kön 19,11f | *Nach dem Sturm kam ein Erdbeben;
aber der Herr war nicht im Erdbeben.
Nach dem Erdbeben kam Feuer;
aber der Herr war nicht im Feuer.
Nach dem Feuer kam ein sanftes, leises Säuseln.*

Verstummen

Nein, mein Gott,
in Geschwätzigkeit
soll dieser Tag nicht enden.
Leg mir deinen Finger
auf den Mund.

Suche mich heim

in heiligem Verstummen –

Lk 1,22 | *Als er dann heraustrat,*
da konnte er nicht zu ihnen reden.

Schlafes Bruder

Gott, der Schlaf hat einen Bruder,
das ist der Tod.
Ein mir unheimlicher Patron.
Nun freunde ich mich ja
Nacht für Nacht
mit dem Schlaf an.
Und ich hoffe,
dass dereinst an seinem Tag
auch der Tod
als mein Freund kommt.
Und nicht als Feind oder Räuber.

Stärke meine Zuversicht,
meine Gelassenheit

und meine Bereitschaft –

1 Kor 3,22f | *Das Leben, der Tod, die Gegenwart,
die Zukunft – alles gehört euch;
ihr aber gehört Christus, Christus aber gehört Gott.*

Hüter, ist die Nacht bald hin?

Gott aller Schlaflosen und Nachtbekümmerten.
Von manchen forderst du extreme Wachsamkeit.
Ja, es gibt eine ganze Kette von Brüdern und Schwestern,
die sich im Wachen abwechseln.
Die das „Warum?" und das „Wie lange noch?" aushalten.

Leergeräumtes Wachen im Schofar-Intervall
gleichzeitig mit denen, die vor Pein nicht ins Schlafen
kommen.
Ihr Seufzen zieht auch in meinen tiefen Schlafatem ein.
Es geht nicht ins Leere.
Pulsiert dir, dem Hüter, entgegen.

Und diese Fragen ziehen mit dem Abendhauch
auch durch dein Wesen.

Betaue sie mit den Strömen deines Erbarmens –

Jes 21,11 | *Wächter, wie weit ist es in der Nacht?*

TROCKEN UND WARM

Gott, wir haben es trocken und warm.
So höre ich die Alten noch dir danken.
Mir ist das heutzutage
sehr selbstverständlich.
Die da draußen frieren und werden nass.
Wenn ich aber mein Herz weit mache
für das Klima der Nächte des Menschseins
auf der ganzen Erde,
dann ist da viel Zugluft und Frost,
Staub und Dreck, Nässe und Kälte.
Von Afghanistan bis zum Sudan,
vom Kongo bis Kapstadt.
Wem sage ich das.

Ich will mindestens mal
sehr dankbar sein
für meine Schlafgeborgenheiten.

Und angestiftet sein dazu,
mehr Menschen

zu erträglichem Wohnen und Schlafen zu verhelfen –

2 KOR 11,27 | *Mühsal und Beschwerde*
hatte ich zu ertragen,
oftmals durchwachte Nächte, in Hunger und Durst,
in vielem Fasten, in Kälte und Blöße.

VERLUSTE?

Ja, Gott,
die Verlustangst ist manchmal groß.
Meine Seele schleift sich in den Schlaf,
niedergehalten von dem Argwohn,
sie könnte ja etwas verpasst haben.
Als hätte sie schlechte Karten im Schicksalsspiel,
die sie ganz schnell wieder loswerden muss.
Ich bitte dich um Weisheit,
die Mut macht, die Liebe zu verwirklichen.
Und Gelassenheit schenkt
gegenüber den angeblich verpassten Möglichkeiten.
Denn bei dir wird noch einmal alles
neu aufgemischt.

Was dann als Gewinn und Verlust gerechnet wird,
das überlasse ich dir

und deiner herrlichen Großherzigkeit der Liebe –

MT 6,25 | *Ist nicht das Leben wichtiger als die Nahrung
und der Leib wichtiger als das Kleid?*

Vergessen

Guter Gott,
mein Bewusstsein hält die Erlebnisse dieses Tages fest.
Und manchmal krallt es dabei,
will ja nichts loslassen
ins Unbewusste des Schlafes hinein.
Ist es die Angst vor dem Vergessen?
Vor der Vergänglichkeit?
Ich bitte die um die Gnade, viel vergessen zu können,
gerade von den Erfüllungen und Erfolgen.
Jesus signalisiert mir,
dass er einmal tief hineingreifen wird
in den Fundus des vergessenen Guten.
Und den Erstaunten den Schatz weisen wird,
die echt liebten.

Ja, schenke mir
diese selbstvergessene Liebe.
Dann kann ich gut schlafen,
der Überraschungen gewärtig,

für die du gut bist –

Mt 25,44 | *Herr, wann sahen wir dich hungrig
und haben dich gespeist, oder durstig oder als Fremden?*

ABSCHÜTTELN

Jesus, der Tag geht zu Ende.
Erfahrungen haben mich gestreift.
Und manches hat mich tiefer geprägt.
Dabei gibt es auch Erlebnismüll
und die vielen dummen
Einflüsterungen des Konsums.
Da schüttle ich mich mal
kräftig von innen.
Hilf mir, dass ich viel davon
loswerden kann.
Und lass mich die geheime Stärke spüren,
die deine Liebeskraft in mir
heute aufgesammelt hat.

Ja, in aller Müdigkeit
vertraue ich
diesen wunderbaren Mächten.
Sammle mein Wesen darin.
Birg mich in deiner verborgenen Liebeskraft.
Und trage mich durch

zum Ufer des neuen Tages –

MT 6,20 | *Sammelt euch vielmehr Schätze im Himmel.*

Atem der Schlafenden

Gottes Geist und Hauchung.
Im Schlafesatem der Mitschläfer
gibst du mir
einen letzten Zuspruch des Tages.
Und eine bequeme Straße in den Schlaf.
Zwischen Seufzen und Schnarchen
zieht sich da jeder seine eigenen
Variationen rein
und atmet sie aus.

Und gerade so hebst du
unseren Odem

in den göttlichen Bereich –

Ps 150,6 | *Alles, was Atem hat, lobe den Herrn.*

HOSENTASCHEN

Wenn ich meine Hostentaschen
abends ausleere, o Gott,
dann erinnern sie mich an
meine Seele:
Die darf auch Zerknülltes loswerden
und Wichtigkeiten
wenigstens mal ablegen.
Wer weiß, was ich morgen wieder
davon mitnehme.

Den Glückspfennig?

MT 13,48 | *Und sie lasen die guten (Fische) in Gefäße,
die schlechten aber warfen sie weg ...*

MÜDE FÜSSE

Mein Gott, meine armen Füße.
Wie habe ich sie belastet und gescheucht
den ganzen Tag.
Kein Wunder,
dass sie sich heute Abend melden.
Geschwollen und abgelatscht.
Ich sage ihnen: Das ist gut so,
dafür seid ihr da,
pedes apostolorum.
Fußstrapazierendes Pilgerdasein
ist mir zum Heil angesagt.
Dazu bin und wandere ich auf Erden.
Ich will aber auch gut sein
zu meinen müden und strapazierten, lieben Füßen;
ihnen die Ehre erweisen.
Denn so verheißt du es:
Geküsst sollen sein
die staubigen Blasenfüße
der Freudenboten,
die aufgestiegen sind
in die Gebirgssteinwüsten Judas.

Das Waschen und Trocknen,
Cremen und Salben

soll heute mein Nachtgebet sein –

JES 52,7 | *Willkommen sind auf den Bergen
die Füße des Freudenboten.*

WOHLSEIN

Gott Jesu Christi.
In unseren Glaubenstraditionen
ist viel Skepsis denen gegenüber,
die sich's in dieser Welt
einfach wohlergehen lassen.
Dabei entscheidet mein Herz,
dass das nicht alles ist,
was du unserem Wohlsein zu sagen hast.
Ich meine eher, dass du es uns gönnst,
wenn es uns gutgeht.
Hilf mir, die guten Seiten des Lebens
in dieser Gunst dankbar zu kosten.
Und wenn bittere Zeiten kommen,
dann stifte uns ein in die Solidarität Jesu.

Hier und heute Abend aber
sage ich dir
ein sattes und saftiges Danke

für alles Wohlsein dieses Tages –

Koh 9,9 | *Genieße das Leben mit einer Frau, die du liebst*
alle Tage deines nichtigen Lebens,
die Gott dir unter der Sonne gegeben hat.

Unvollendet

Verständnisvoller Gott,
ich bin dir sehr dankbar,
wenn ich heute
etwas zu Ende bringen konnte.
Aber mit manchem bin ich nicht fertig.
Mit angefangenen Projekten leben,
das muss ich noch lernen.

Ich bitte dich
um die Gelassenheit,
dass mich das Unvollendetete
nicht weiter nervt.
Und um den langen Atem,
dass ich auch über längere Zeiten
Schritt für Schritt
meinen Zielen näher komme,

besser noch: deiner Fügung –

1 Kor 13,9 | *Denn Stückwerk ist unser Erkennen und Stückwerk unser Prophezeien. Wenn aber das Vollendete kommt, dann wird das Stückwerk abgetan.*

MOZART

Allmächtiger Gott,
dieser junge Wolfgang Amadeus!
Schreibt er doch, dass er sich keinen Abend schlafen legt,
ohne zu beherzigen,
dass es sein letzter
auf Erden sein könnte.

Wenn wir seine Musik nicht hätten,
dann würden wir solche Nachtgedanken
schnell einer sehr verhärmten Seele zuschreiben.
Nun aber hören wir in seiner Musik
Freude über Freude.
Dieses Geheimnis hat etwas.

Ich lasse mich davon anrühren
und beherzige meine Sterblichkeit vor dir.
Um der Seele das Lied der Freude
mitzugeben in den Schlaf
und über dieses Leben hinaus.

Und wenn ich einmal ganz zu dir komme,
dann will ich solche Töne,
wenn nicht auf den Lippen,

so doch im Herzen tragen –

1 Kor 15,53 | *Denn dieses Vergängliche muss sich mit
Unvergänglichkeit bekleiden
und dieses Sterbliche mit Unsterblichkeit.*

GESCHENKE

Guter Gott.
Die Lebensspanne dieses Tages war dein Geschenk.
Und dein Auftrag.
Was ich eigenverantwortlich realisiert habe oder nicht,
ich betrachte es jetzt noch einmal ausdrücklich als
Gnade.
Darin steckt so viel, was ich dir verdanke:
Gesundheit, Begegnungen, Talente, Krisen,
Wahrnehmungen, Liebe …

Mach den Dank in mir stark
für diesen geschenkten Tag.

Und so betrachte ich auch
die kommende Nacht

dankbar als dein Geschenk –

Lk 6,38 | *Ein gutes, zusammengedrücktes, gerütteltes,
überfließendes Maß wird man euch in den Schoß geben.*

Gemeinsamer Atem

Gott allen Lebens,
manchmal höre ich den ruhigen Grundrhythmus
des Ein- und Ausatmens.
Bei meinem Partner.
Wenn viele Menschen in einem Raum schlafen.
Auf der Berghütte
oder in den Turnhallen beim Kirchentag:
ein regelmäßiges Hchchch ...
In den großen Krankensälen sind Seufzer und Stoß-
gebete dabei.

Und aller Odem zusammen trägt wie ein großartiges
Konzert
aus den tiefen Hallen der heilenden Liebe
unisono unsere nächtliche Ruhe in dich hinein.
Ja, selbst die Dampfatemwolken eines nächtlichen
Kuhstalls
künden mir von dem gesegneten Rhythmus,
der unser Leben durchpulst.

Gerne lasse ich davon meinen Schlaf durchwehen,

beatmen und tragen –

Ps 150,6 | *Alles, was Atem hat, lobe den Herrn.*

GÜTE

Gott, mit dir
suche ich nach – wie eine Ährenleserin.
Ich schaue nach der Güte aus.
Diese schlichte Begleiterin ist es wert,
dass ich all meinen Spürsinn
zusammennehme.
Ich gehe noch einmal die Tageswege ab.
Schaue in die Begegnungen,
suche ihren stillen Glanz
und ihre mächtige Kraft.
Von wo ging sie aus?
Hatte ich die Gnade,
mich in ihrem Kraftfeld zu bewegen?
Ist sie mir ans Herz gewachsen?
Werde ich Teil davon?

Lass mich eintauchen
in die Nachtwelt des Schlafes

und in deine große Güte –

EPH 3,18f | ... *damit ihr fähig seid, mit allen Heiligen die
Breite und die Länge, die Höhe und die Tiefe zu ermessen
und die Liebe Christi zu erkennen, die alle Erkenntnis
übersteigt, bis ihr mit der ganzen Fülle Gottes erfüllt
werdet.*

Gelassenheit

Großer Gott,
neulich ist mir wieder das Buch beim Einschlafen
aus der Hand gefallen.
Was für eine große Gnade:
Alle Anspannung löst sich, und ich lasse einfach fallen.
Heute Abend umgreife und umklammere ich noch:
die Probleme, die Sorgen, die Projekte,
die Chancen, die Menschen …
Ja, was ich alles heute
in den Griff kriegen wollte!

Mit entlastendem Ausatmen,
mit Vertrauen in dein Geleit
möchte ich auch diese Griffe öffnen, loslassen können.
Mach mich locker.
Hilf mir dabei hinein

in einen entlasteten Schlaf –

Ps 63,7 | *Auf meinem Lager denke ich an dich,*
in den Nachtwachen geht mein Sinnen zu dir.

Ungleichzeitigkeit

Guter Gott,
unser Biorhythmus ist nicht immer gleich.
Da wacht einer schon mal,
während die andere schläft
und umgekehrt.
Ja, so kommen die wachen
und die schlafestrunkenen Schichten unseres Wesens
zeitversetzt zum Zug.
Und wenn ich mein Wachsein nutze,
um mit dir im Gespräch zu sein,
dann mag auch darin
die Ergänzung walten
und der geheime Austausch
der Lebensquellen,
den du den Deinen aufschließt.

Lass mich ausschwingen
in diesem Dreiklang des Schlafes

und Wachens mit dir –

MK 4,26–28 | ... *wie wenn ein Mann den Samen auf die Erde sät und dann schlafen geht und wieder aufsteht, Nacht und Tag, und der Same geht auf und wächst empor und er weiß nicht wie. Von selbst bringt die Erde Frucht* ...

LIEBE

Ja, Gott,
die Liebe.
Wie hat sie sich versteckt
in den Erinnerungen und Ergebnissen dieses Tages?
Ich lasse mich noch mal einzaubern
in das Huschen und Haschen
dieses Versteckspiels.
Vermute sie hinter Gesichtern und Geschäftigkeiten,
Schweigen und Reden,
Anschauen und Anpacken.
Hier lugt sie ein bisschen hervor,
dort verrät mir die Umgebung etwas von ihr;
woanders hat sie einen Fußabdruck hinterlassen oder
eine silberne Spur.
Hin und wieder finde ich sie auch
sehr verscheucht und verkratzt und verbeult
in ihrem Versteck.

Und sollte ich jetzt einen Zipfel
zu fassen kriegen von ihr,
da spürte ich etwas
vom Saum deines Gewandes.
Elektrisierend formst du mein Wesen

in diesem Suchen und Finden der Liebe –

1 KOR 13,1 | *Wenn ich mit Menschen-, ja mit Engels-
zungen redete, hätte aber die Liebe nicht, so wäre ich ein
tönendes Erz oder eine gellende Schelle.*

Die Schuhe ausziehen

Jesus, Wanderer.
Du kennst die schweren Füße
am Abend.
Dem Petrus hast du sie gewaschen.
Ich befreie meine Füße
von den Schuhen.
An den Fußsohlen
fühle ich manchmal fast wie Mose
etwas von dem heiligen Ort
vor deiner brennenden Liebe.

Muße und Anbetung!

Segne den Anbruch der Nacht –

Ex 3,5 | *Zieh deine Schuhe von deinen Füßen,*
denn der Ort, auf dem du stehst, ist heiliger Boden!

KÜHLE

Gott,
der Abendwind!
Wie oft ist er eine Erquickung
nach heißen Tagen.
Manchmal aber
bringt er der Seele auch ein Frieren,
das aus den verlorenen Tiefen
des Weltraums hereinweht.
Dieser metaphysische Frost
kann weit nach innen dringen.
Dein Wort und dein Segen aber
sind wie die Decke,
die man dem Tagelöhner
nicht wegpfänden darf.

Wenn ich mich reinkuscheln kann,
dann weiß ich,
mir steht nur eine Hälfte
davon zu –

Ps 77,3 | *Unaufhörlich erhebe ich in der Nacht zu ihm
meine Hände, meine Seele verweigert den Trost.*

SCHRECKENSTRÄUME

Heiland meiner Träume.
Hin und wieder reißt sozusagen
im Traum der Film,
und seine letzten Bilder verstören mich,
wenn es Schreckensbilder waren.
So aufgescheucht,
sammle ich erst einmal
meinen Sinn zusammen.
Und ich staune über die Horrorwelten,
durch die du die Seele
im Traum noch mal schickst.

Lass sie nicht ohne Begleitung
und hülle den Mantel
deines heilenden Wesens
um all meine Träume,

damit die Liebe siegt –

Ps 77,5.11 | *Die Augenlider hältst du mir wach,*
ruhelos bin ich,
und ich weiß nicht zu reden. ...
Und ich sage: Dies ist mein Schmerz,
dass sich gewandelt hat die Rechte des Höchsten.

GESEGNETE TRÄUME

Gott meines Unbewussten,
ich weiß nicht, wie das geht,
dass du meinen Seelenvorrat an heilenden Bildern
erneuerst.
(Der kaputten sind ja wahrlich genug.)
Ich spüre nur,
dass eine Anreicherung stattfindet.
Ich mutmaße,
dass du die tragenden Elemente
meiner unbewussten Kammern
unterfängst und stützt und aufbaust
mit kräftigen und heilenden Urbildern.
Manchmal zieht eines davon
nur schemenhaft vorüber.
Aber sie sind da
und heilen die versengte Seele.

Danke für die Heilkraft
der geheimen, starken, guten Bilder.

Segne meine Träume –

1 Kön 19,4f | *Elija ließ sich unter einem Ginsterstrauch
nieder, wünschte sich den Tod und sprach: „Nun ist es
genug, Herr! Nimm meine Seele hin; ich bin ja nicht
besser als meine Väter!" Dann legte er sich hin und schlief
ein. Auf einmal berührte ihn ein Engel und sprach zu ihm:
„Steh auf, iss!"*

SCHLAFEN WIE EIN TIER

Guter Gott,
manchmal bin ich ein bisschen neidisch
auf die Tiere.
Die Katze in der Sonne,
der Hund auf der Fußmatte,
wie die schlafen können!
Dabei kriege ich nur wenige Tiere
schlafend zu Gesicht.
Sie verkriechen sich
vor dem Menschen, nicht ohne Grund.

Dankbar für die Gnade
eines guten Schlafplatzes
möchte auch ich

tierisch gut schlafen –

Ps 104,11 | *Zu trinken geben sie allen Tieren des Feldes,
die Wildesel der Steppe stillen aus ihnen den Durst.*

Unter die Arme gegriffen

Gott, nicht allein
bete ich an diesem Abend.
Manchmal werden mir ja schon die erhobenen Hände
schwer
wie dem Mose am Berg von Refidim.
Aber dann spüre ich doch,
dass man mir unter die Arme greift.
Gebete, die mich stützen.
Leute, die für mich mitbeten.
Die dann anfangen, wenn ich aufhöre.

Jesus,
der du viel von der Last der Früchte verstehst,
du stiftest wohl Menschen an, Stütze zu sein,
für Äste, die viel zu tragen haben.
So möchte ich auch andere stützen,
dass sie nicht wegbrechen,

sei es unter der Last der Traurigkeit
oder der süßen Früchte –

Ex 17,12 | *Schließlich aber wurden die Arme des Mose zu
schwer. Da nahmen sie einen Stein und legten den unter
Mose, und er setzte sich darauf. Aaron und Hur stützten
seine Arme, der eine auf dieser, der andere auf der anderen
Seite.*

WACHTRÄUME

Gott meiner Tage,
hin und wieder kommt es vor, dass ich die Zeit vergesse
und noch mehr um mich herum
und Tagträumen nachhänge.
Mein Bewusstsein geht auf Phantasiereise.
Ich weiß nicht so recht, wie mir da geschieht,
wo ich offenbar noch ein bisschen Kind geblieben bin.
Du weißt das besser,
denn in dieser Seinsvergessenheit
warst du mir eigenartig nahe.
Und jetzt am Abend sagt mir die Seele
dass sie sich schon ein bisschen auskennt
in den Traumlandschaften.
Heimlich war sie tagsüber schon unterwegs,
auf Expedition sozusagen.

Also sind schon Wege gespurt
in den dichten Verhau der Träume.

Und du bist auf deine Weise mit dabei –

APG 2,17 | *Und die Jünglinge werden Visionen haben
und die Greise werden Träume träumen.*

SCHLAFWANDLER

Gott der Nächte,
so einfach ist das ja nicht
mit der Mischung aus Wachen und Schlafen.
Schlafwandler erinnern mich
an die wache Seele im Traum.
Wie dem auch sei,
schlafwandlerische Sicherheit
scheint sie zu beschützen.
So hast du also ein besonderes Auge darauf,
wie Seelen aufgemischt werden
zwischen Wachsein und tiefem Schlaf.

Und das ist so tröstlich für mich
an diesem Abend und in dieser Nacht,
aber auch an vielen Tagen.

Ich danke dir
für diesen Schutz –

1 THESS 5,10 | *Jesus Christus, der für uns gestorben ist,
damit wir – ob wir nun wachen oder schlafen –
in Gemeinschaft mit ihm leben.*

ERQUICKEN

Jesus,
nicht nur Ruhe hast du
den Mühseligen und Beladenen
versprochen,
sondern auch Erquickung.
Erquickung, ein gutes Stichwort
für meine Abendhoffnung auf dich hin.
Trost und Entlastung ist darin
und etwas Quicklebendiges
blitzt auf in der gesegneten Ruhe.

So möchte ich schlafen.

Mit einem Funken
von deiner Erquickung –

MT 11,28f | *Kommt zu mir alle, die ihr mühselig und*
beladen seid: Ich will euch Ruhe verschaffen. Nehmt mein
Joch auf euch und lernt von mir, denn ich bin sanftmütig
und demütig von Herzen, und ihr werden Ruhe finden für
eure Seele.

DUNKEL

Gott der Nacht.
Wenn's mal ganz dunkel wird,
dann braucht mein Wesen etwas Zeit,
um sich umzustellen.
Während meine Augen wie blind werden,
spüre ich das Knospen der Seelenaugen
in meinem ganzen Wesen.
Organe für das Licht der Liebe,
Sensorien für die Farben der Gefühle,
Spürsinn für das Leuchten der Zärtlichkeit.
So schenkst du mir mit dem Dunkel der Nacht
eigentümliche Sichtweisen.

Lehre mich,
mit den Seelenaugen zu schauen.
Ich danke sie deinem Licht –

Mt 6,22 | *Das Licht deines Leibes ist das Auge.*

DÄMMERUNG

Mein Gott, diese Wucht,
mit der die Farben abends
zum Himmel hin anschwellen,
bevor die lichtarmen Pixel
sich unten anreichern.
Auch der Vogelgesang
dreht noch einmal auf.
Ein Abschiedsfest der Kreatur?
Für diesen Tag?
Ich verliere mich darin.

Und weiß schon mit dir,
wem ich diese Festlichkeit
heute Abend

widme und zueigne –

Ps 113,3 | *Vom Aufgang der Sonne bis zum Niedergang:*
Der Name des Herrn sei gepriesen.

WAS EINWÄCHST

Gott der Liebe.
Mit großer Beharrlichkeit
schwirren und schwingen
Melodien in meinem Innern nach,
auch solche, die ich nicht sehr mag.
Aber sie haben sich eingenistet bei mir
und sind so schwer wieder loszuwerden.
Frecherweise melden sie sich oft dann,
wenn ich sie gar nicht gebrauchen kann.
Deine Einflüsterungen und deine Zusprüche
– oh würden sie doch auch so mächtig einwachsen
in mein Wesen.

Aber manchmal,
wenn die Geräusche des Rests der Welt
heruntergefahren werden konnten,
war ein Nachklang zu hören,
von deinen Seligpreisungen,
wie du uns beim Namen rufst.
Von deinen Impulsen,
deiner Stimme,
deiner Liebe.

Danke.

KOL 3,15 | *Der Friede Christi herrsche in euren Herzen;*
denn zu ihm seid ihr berufen in einem Leib. Seid dank-
bar ...

BEGLEITUNG

Gott, deine Liebe
hast du mir mitgegeben in diesem Tag.
Sehr lebendig
ist sie mit mir unterwegs.
Manchmal deutlich spürbar.
Manchmal verborgen und versteckt.
Manchmal ist sie vorausgesprungen,
manchmal ist sie mir quergekommen.
Ob ich sie jetzt sozusagen greifen kann?
OK, ich will sie hochhalten
an diesem Abend.

Mach sie mir weiter vertraut –

JOH 15,11 | *Das habe ich zu euch gesagt,
damit meine Freude in euch ist und eure Freude
vollkommen wird.*

BEGEGNUNG

Gott der Gemeinschaft.
Nicht wie Robinson auf der Insel
hast du mich diesen Tag erleben lassen,
sondern in vielen Begegnungen.
Das ist gut so.
Das gibt nicht nur
Unterhaltung und Abwechslung,
sondern es fließt darin
ein echter Strom der Liebe.
Noch mein Abendausklang mit dir
ist davon bewegt.

Danke, dass du uns

für die Liebe geschaffen hast –

Ps 33,14f | *Von der Stätte seiner Wohnung schaut er*
hernieder auf alle, die bewohnen die Erde. Er, der allen
gebildet das Herz, er weiß um all ihre Werke.

NAMEN

Gott der Ewigkeit.
Namen sind Schall und Rauch.
Aber immerhin rufst du deine Geschöpfe
und besonders den Menschen
beim Namen.
Ich nenne dir ein paar Namen
von den Leuten und Wesen,
die mir heute nahegekommen sind:
  ... ...
  ... ...

Bei einigen bleibe ich hängen.
Und ich nenne das mal so:

Ich empfehle sie dir besonders –

JES 43,1 | *Fürchte dich nicht, denn ich habe dich ausgelöst*
und rufe dich beim Namen; mein bist du.

PARTNER

Gott der Gemeinschaft,
nicht solo bin ich
durch diesen Tag gegangen,
sondern mit Partner.
Unsere Erfahrungen
halbieren und verdoppeln sich
nach einer geheimen Formel,
die dir bekannt ist
und uns manchmal wunderbar trägt.

Es gibt aber auch Zeiten,
wo du uns rätseln lässt,
wie das denn nun zusammen gehen soll.
Heute Abend will ich dir von Herzen danken,
dass ich nicht allein bin, sondern diesem Partner /
dieser Partnerin anvertraut.

Segne unsere Nacht, segne unsere Zukunft –

GEN 2,23 | *Das ist endlich Bein von meinem Bein
und Fleisch von meinem Fleisch!*

GESCHAFFT

Guter Gott,
die Müdigkeit kriecht mir
durch Leib und Seele.
Auch die Gedanken werden schwer.
Danke für diesen Tag.
Hier angekommen,
werfe ich alles auf dich,
was über den Tag hinausgeht.

Im Vertrauen auf dich
schließe ich meine Augen.

Dein Segen birgt mich –

Ps 4,9 | *Ich lege mich nieder und schlafe in Frieden,
denn du allein, o Herr, lässt mich wohnen in Sicherheit.*

KLAMOTTEN

Gott meines Lebens,
wie gut, die Kleider ablegen zu können!
Manches von der Last des Tages
fällt damit ab.
Mein Wesen: Mit Leib und Seele zugleich
ahnt es etwas von dem Geheimnis
der Entpuppung des neuen Lebens.

Ich bette mich in dieser Erwartung

und lobe dich dafür –

GAL 3,27 | *Denn ihr alle, die ihr auf Christus getauft seid,
habt Christus angezogen.*

SCHABBAT

Gott der Väter.
Unsere jüdischen Brüder und Schwestern
beginnen den Schabbat
schon am Vorabend,
indem sie ein Licht
in die Nacht hinein entzünden
und sie mit großer Feierlichkeit
begrüßen.

Ich bitte dich auch
um solche Feiertage in meinem Leben,
die vorleuchten in die Vorabende.
Und Zonen markieren,
die der Erlösung geweiht sind.

Um ein Herz,
das feiernd beten kann –

EPH 5,8 | *Einst wart ihr Finsternis, jetzt aber seid ihr Licht
im Herrn, lebt als Kinder des Lichts.*

FEIERTAG

Gott sei Dank
nehmen wir Tage heraus
aus dem Zweckkalender
und aus der Orientierung
an verwertbaren Ergebnissen.
Dir sei Dank für diesen guten Tag,
den ich erleben durfte.
Für den heiligen Bereich deines Lobes.
Und den ebenso gesegneten Bezirk
eines guten Miteinanders.
Du weißt mit mir
um den Wert der Feiertagskultur
als Erinnerung an den Sieg der Liebe.

So danke ich es dir heute von Herzen,
wenn diese Erlösung
beherzigt werden konnte

zum Lob deiner herrlichen Gnade –

Ex 23,12 | *Sechs Tage sollst du deine Arbeit verrichten,
am siebten Tag aber sollst du feiern,
damit auch dein Rind und dein Esel ausruhen
und der Sohn deiner Magd und der Fremde aufatmen.*

Emmaus

Jesus, Wegbegleiter.
Auch dieser Abend ist ein Emmausabend,
wo du deine scheinbar naiven Fragen
stellst.
Wo du es hören willst von uns
enttäuschten Realisten,
was da dumm gelaufen ist.

Wo du dich einlädst
in unsere Abendrast.

Ich möchte ein brennendes Herz
mit dir teilen,
das Brot deiner Gegenwart.

Und dich einladen:

Herr, bleibe bei uns –

Lk 24,29 | *Bleibe bei uns, denn es will Abend werden und der Tag hat sich schon geneigt.*

LOBEN

Gott, an diesem Tag,
den ich heilsam beenden will,
macht sich vieles wichtig.
Darunter aber schwingt
die Melodie des Lobes.
Sie wird mir vorgegeben,
angetippt und zum Klingen gebracht
von den Sphären deiner Schöpfung,
von Vögeln und Blumen,
vom Herzenstakt der Liebenden.

Und so stimme auch ich mit ein,
dein Dasein über diesem Tag
zu loben.
Mit allem, was atmet

und mit Liebe im Herzen –

Ps 66,4 | *Alle Erde bete dich an und singe dein Lob,*
deinen Namen soll sie besingen.

SINGEN

Gott meiner Gebete.
Vielleicht ist es doch
manchmal zu trocken,
was ich dir gebetsweise so hersage.
Vielleicht muss ich doch
einfach ins Singen kommen
mit den Amseln und dem Abendrot,
mit den Mönchen
und den Romantikerinnen.
Und vor allem mit den Kindern.

So singe oder summe ich dir

einfach ein Abendlied –

Ps 98,4 | *Jubelt dem Herrn, alle Lande!*
Seid fröhlich und singt!

SEUFZEN

Gott,
wenn mir wieder die Worte fehlen,
dann mach ich es wie Paulus.
Dann zieh ich mir das Seufzen
der ganzen Schöpfung rein.
Und damit den Geist,
der weiß,
was die Herzen der Gläubigen umtreibt.

Ich tu es ganz stark mit dem Atem

von ganzem Herzen –

RÖM 8,26 | *Doch der Geist tritt selbst für uns ein
mit unaussprechlichem Seufzen.*

WEINEN

Gott aller Menschen,
wie viele werden heute Abend
mit Tränen in den Augen zu dir beten
oder vor Weinen keinen Ton rauskriegen?
In meinen Gebeten
fühle ich mich denen besonders
verbunden.

Die Worte werden weniger.
Die Anteilnahme stärker.

Du unser Trost –

Ps 42,4 | *Meine Tränen sind mir zum Brot geworden
bei Tag und bei Nacht, wenn sie täglich mir sagen:
Wo bleibt nun dein Gott?*

Passagen

Vater im Himmel,
kannst du mir folgen?
Wo ich heute überall gewesen bin,
das möchte ich im Geist mit dir noch einmal abschreiten.

Dort ging es los,
da war ich unterwegs,
dort habe ich gearbeitet,
dort habe ich innegehalten,
dort habe ich Stress gehabt,
dort bin ich lieben Menschen begegnet,
da habe ich gestöhnt und geschwitzt,
da hatte ich die Krise,
da habe ich gute Weggenossen gehabt,
da bin ich mehr vorwärtsgetanzt als gegangen,
da bin ich rumgefahren,
da bin ich im Stau gewesen
… … …
… … …

Dein Segen und deine Nähe –

Ich danke dir alle Tage meines Lebens.

Jes 57,10 | *Du zerarbeitest dich in der Menge deiner Wege. (Luther-Übersetzung)*

PAUSE

G ott,
mit dir zu tun kriegen,
das heißt Unterbrechung.
Das ist eine Pause im Getriebe der Welt.
Die Tretmühle steht still,
auch die Gedankenketten sind unterbrochen
und Gelaber hört auf.
Ein Stopp und eine Ruhe sind angesagt.

Dieser Abend ist eine Auszeit, und zwar eine heilsame.
Ich richte mich auf zu dir hin, atme die Luft einer
anderen Welt.
Lasse mich einfangen vom Schwerefeld
deines göttlichen Bereichs der Liebe.
Ahne, wo ich hingehöre ...

... nicht von dieser Welt –

HEBR 4,10 | *Denn wer in seine Ruhe eingegangen ist,*
der ruht auch selbst von den eigenen Werken aus
wie Gott von den seinigen.

PUZZLE ODER *supplet amor*

Gott von Zeit und Ewigkeit,
wie ein Puzzle
setzt mein innerer Sinn
die Erinnerungsstücke
des Tages zusammen.
Und mein Herz
lässt mich
unter deinem guten Blick ahnen,
wie alles zusammengehört.
Dann kann ich auch verschmerzen,
was ich vergessen habe,
dass schon einige Teile fehlen.

Die Liebe ergänzt sie –

Ps 139,8 | *Stiege ich zum Himmel empor,*
so bist du zugegen;
wollte ich mich in der Unterwelt lagern,
so bist du auch dort.

Schäfchen zählen

Das Schäfchenzählen,
mein Gott,
soll Schlaf stiften.
Ich überlasse es dir,
dem guten Hirten,
und hoffe, dass du mich
zu den brauchbaren zählst.
Wenn ich mich auch manchmal
angestellt habe
wie ein dummes
und schwarzes Schaf.
Du aber gehst
dem Verlorenen nach.

So von dir gesucht
und in die Bekehrung gerufen,
nehme ich Nachdenklichkeit und Zutrauen

mit in den Schlaf –

Lk 15,6 | *Freut euch mit mir,*
denn ich habe mein Schaf gefunden, das verloren war.

Kurzmitteilung

Gott,
in aller Kürze
setze ich noch eine Info ab.
Einen sehr eigenen Tag
schließe ich ab.
Vergewissere mich,
dass es dich gibt.

Das ist viel.
Das ist alles.
So kurz

So gut –

Ps 117 | *Lobt den Herrn, alle Völker, ihr Stämme alle,*
lobpreist ihn!
Denn mächtig waltet über uns seine Gnade, und seine
Huld währt in Ewigkeit.

DATUM

Ewiger Gott,
von diesem zeitlichen Tag,
von heute,
dem TT.MM.JJ,
reiße ich das Kalenderblatt ab
und werfe es weg.
Der ist ja auch rum!
Ob es irgendetwas geben wird
vom heutigen Datum,
weshalb ich mich noch in Jahren
daran erinnern werde?
... ...

Ach nein,
nicht im Kalendergedächtnis
möchte ich die Früchte des Tages
inventarisieren.
Sondern in dem selbstvergessenen
Gedächtnis der Liebe.
Dort, wo die Früchte der Zeit
nachreifen für die Ewigkeit.

So bleibt mein Sinn unbeschwert und offen
für deine Tagesimpulse der Liebe
und deinen reichen Segen
am Rand der Nacht –

Mt 6,21 | *Wo dein Schatz ist, da wird auch dein Herz sein.*

ADVENTSABEND

Gott meiner Zukunft,
alles hat seine Zeit.
Geschäfte, Termine, Arbeit,
Hin und Her, das alles hatte seine Zeit
an diesem Tag, der hinter mir liegt.
Und nun der Abend.
Was ist das für eine Zeit?
Ich möchte meinen:
die der gesegneten Ruhe.
Da gibt's aber noch die Ahnung
von einem Aufbruch,
von einem Gerufenwerden.
Ich will sie nicht ganz einschläfern,
sondern ein inneres Ohr
wachhalten.

Lauschen mit der Seele
auf deinen Ruf
wie der junge Samuel,
wie Josef und die Sterndeuter
in ihren Aufbrüchen

im Bannkreis der Krippe –

MT 1,20 | *Während er noch darüber nachdachte, erschien
ihm ein Engel des Herrn im Traum und sprach zu ihm:
„Josef, Sohn Davids, scheu dich nicht, Maria, deine Frau,
zu dir zu nehmen, denn was sie empfangen hat, ist vom
Heiligen Geist."*

AUTOPILOT

Gott, meine Orientierung.
Lange Strecken habe ich mich wieder führen lassen
von diesem automatischen Geleit
und dieser elektronisch geklonten Stimme.

Und dein Geleit in meinem Leben?
Der Engel der Orientierung,
ob ich einen Sinn für den habe?
So ganz automatisch geht das ja nicht.
Hin und wieder willst du mit mir
die Orientierung abgleichen,
durchsprechen,
neu ertasten.

Wie ist die Seele weitergekommen?

Stimmt die Richtung?

JES 42,16 | *Ich führe Blinde auf dem Weg*
und lasse sie auf unbekannten Pfaden schreiten.
Das Dunkle mache ich vor ihnen zum Licht
und wandle das Holprige zu ebenem Weg.

LETZTER BLICK

Mein Gott,
was ist das für ein seliges Abarbeiten
im Tagwerk.
Wie der Künstler,
der sich den ganzen Tag
kräftig in sein Bild hineinmalt,
dann am Abend zurücktritt,
den Pinsel aus der Hand legt
und das Ganze noch einmal
aus der Distanz betrachtet,
so schaue ich
auf die Schafferei dieses Tages.
Schau mit mir.
Von deinem eigenen Werk heißt es:
Und Gott sah, dass es gut war.

Bei mir war es wohl durchwachsen.

Danke
für den wohlwollenden und prüfenden Blick –

GEN 1,31 | *Und Gott sah alles, was er gemacht hatte,
und siehe, es war sehr gut.*

Dass ihm auch nicht eines fehlet

Gott, guter Hirt,
viele Fliehkräfte
schleudern Menschen durcheinander,
und manche geraten ganz an den Rand
und in die Verlorenheit.
Mein Leben eiert manchmal
dazwischen herum,
verlegen und hilflos.

Ich vertraue mich deinem sammelnden
und schützenden Blick an.

Spüre, dass ich aufgesammelt
und heimgesucht bin.
Möchte selbst zu einem Element

der Sammlung werden –

Joh 10,3 | *Und die Schafe hören auf seine Stimme,
und er führt sie hinaus.*

Scherben

Guter Gott,
schau auf die Scherben dieses Tages.
Es ist wieder etwas zu Bruch gegangen.
Du selbst weißt um den Wert
und um den Bruchschmerz.
Ja, in brüchige Gefäße
füllst du deine Gnade.

Aber du bist der Heiland
und fügst neu zusammen.

Weihe mich ein
in die Kunst des Kittens.
Nach dem Maß
deines Erbarmens

und der neuen Schöpfung –

2 Kor 5,17 | *Also: Wenn jemand in Christus ist,
ist er eine neue Schöpfung. Das Alte ist vergangen;
Neues ist geworden.*

KREUZ

Gott, es ist Abend
und ich schaue zum Kreuz.
Jesus sagt in den Abend hinein:
„Es ist vollbracht.“
Scheitern und Untergänge
sind da angesprochen,
aber auch Erfüllung
und Abschluss in einen Segen hinein.

Ja, sage den Abendsegen
vom Kreuz

in mein Herz
und in die ganze Welt –

1 Kor 2,2 | *Ich hatte mir nämlich vorgenommen,
unter euch nichts anderes zu kennen
als Jesus Christus, und zwar als den Gekreuzigten.*

Solo Dios basta

Allmächtiger Gott,
dir will ich die Ehre geben.
Weil du es bist.
Und deinem heiligen Namen,
der alles übertrifft,
was uns beeindruckt
und motiviert.
Ja, allein deine Herrlichkeit gilt,
das ist mehr als genug,
basta.

Ich bete dich an –

Dtn 6,4f | *Höre Israel, der Herr ist unser Gott,*
der Herr ist einzig.
Du sollst den Herrn, deinen Gott,
lieben aus deinem ganzen Herzen,
aus deiner ganzen Seele und mit all deiner Kraft!

Grosser Gott, wir loben dich

So leise, mein Gott,
sollen wir auch nicht treten
mit unserem Abendlob.
Ja, es ist ein mächtiger Schall
im Abendbrüllen der Tiere,
in dem vollen Ton aller Kreatur,
in den Abendliedern
der verschiedenen Religionen;
alles Dasein hallt wider davon.
Ich zittere und schwinge
und klinge mit.

Dir zu Ehren –

Ps 103,22 | *Preist den Herrn, all seine Werke,*
an jedem Ort seiner Herrschaft!
Du, meine Seele, preise den Herrn.

Einfaltkunst

Gott,
in welche Sperrigkeiten hinein
verspannt sich mein Wesen,
besonders in amtlichem Tun.
Wie ein Schirm, der nicht mehr zugeht!
Aber meine Seele weiß noch
um die kunstvollen Knicke und Einfaltungen,
die du ihr mitgegeben hast.

Hilf mir, mich auf mein kleines Maß
zurückzunehmen,
mich einzufalten.
Dann passt mein
Wesen in die Nussschale der Nacht,
verpuppt sich,

der späteren Ausfaltung gewärtig –

Mt 5,8 | *Selig, die ein reines Herz haben,*
denn sie werden Gott schauen.

PROTOKOLL

Gott,
hier die Gesprächsnotiz vom Tag:

Hauptbeteiligte: ... ...
Wichtige Punkte: ... ...
Erledigt: ... ...
Offengeblieben: ... ...
Übereinkünfte: ... ...
Strittig geblieben: ... ...
Nebensachen: ... ...
Perspektiven: ... ...
Highlights: ... ...
Besondere Bemerkungen: ... ...
Bauchgefühl: ... ...

zur Kenntnisnahme
zur Veranlassung
mit Lob und Dank –

MT 11,16 | *Mit wem soll ich dieses Geschlecht
vergleichen? Kindern gleicht es, die auf den Marktplätzen
sitzen und einander zurufen.*

ANRUFBEANTWORTER

Gott, du hast mich angesprochen.
Heute mit deinem Wort.
Heute in den Begegnungen.
Heute in der Hektik.
Heute in der Meditation.
Heute in offenen Fragen.
Heute in dankbarem Staunen.
Heute in … … …

Und ich lausche diesem Tag nach.
Spitze die Ohren
für deine Ansprache darin.
Ob es ein Wort ist,
das einging in unsere Worte?
Ob es eine Kundgabe war,
die unsere menschlichen Worte
und Gedanken sprengt?
Ich danke es dir an diesem Abend.
Sage dir auch noch
ein Wort von mir:
… … …

Lass uns im Gespräch bleiben –

JOH 1,14 | *Und das Wort ist Fleisch geworden.*

RECHTSCHAFFEN MÜDE

Gotte, ich spüre
meine Knochen,
und auch mein Hirn ist abgearbeitet.

Mit diesem müdgeschafften Wesen
danke ich dir.

Dafür war ich heute auf Erden

und schlafe ein –

Lk 17,10 | *Unnütze Knechte sind wir.*
Wir haben getan, was wir zu tun schuldig waren.

ZAHNBÜRSTE

Gott, du mein Ziel.
„Hab immer deine Zahnbürste dabei!"
So sagte Martin Luther King seinen Leuten.
Man könnte dich schnappen und einlochen.

Bereitschaft, weggerufen zu werden, sagt Jesus den Seinen an.
Mach diese Bereitschaft stark bei mir.

Und hilf mir das Bündel zu packen
mit der Vorfreude

auf die kommende Welt –

HEBR 13,14 | *Denn wir haben hier keine bleibende Stadt,*
sondern wir suchen die zukünftige.

Tongeschlecht

Gott, vor dir
klingt die Melodie dieses Tages in mir nach,
ganz tief und kaum bewusst am Grund meiner Seele.
Ich will sie nicht in die Hörbarkeit zerren.
Mein Herz weiß um Dur und Moll,
um Wohltat und Dissonanzen
und eigentümliche Tongewebe.

Dass deine Gnade mitschwingt und den Ton angibt,
darum bitte ich dich für diese Nacht

und den kommenden Tag –

Ps 146,2 | *Ich will loben den Herrn, so lange ich lebe;*
meinem Gott lobsingen, solange ich bin.

Fortsetzung folgt

Gott, mein Lebensroman
schreibt sich fort.
Jeden Tag eine neue Episode.
Und manchmal unterbrichst du
gerade, wenn's schön spannend ist.

Dankbar für dieses Tagesstück
bitte ich dich um deinen Segen
für die Ruhezeit

und für das Kommende –

Ps 85,9f | *Hören will ich, was kündet der Herr, unser Gott; wahrhaftig, er kündet den Frieden.*

NEIGUNG

Der Tag hat sich schon geneigt,
der Nacht zu.
Und mit einer gewissen Neigung
auch ich.
Mit der Neigung der Müdigkeit.
Aber auch mit der Neigung der Liebe.
Der Neigung der Verehrung
der Zuneigung und der Sympathie.

Und da du dich neigtest,
unsere Niedrigkeit zu teilen,
ja unseren Tod,
kommen wir näher zueinander
und dürfen den Abendsegen erfahren

mit Lob und Dank –

Ps 17,6 | *Neige zu mir dein Ohr, vernimm meine Worte.*

PRIORITÄT

Eifersüchtiger Gott,
du beanspruchst absolute Priorität
in unserem Leben.
Vielleicht musst du mir so nachhelfen.
Vor allem aber ist es
das Gewicht deiner Macht und Herrlichkeit.
Sie wird nicht weniger
auf dem Weg der Entäußerung,
den Jesus gegangen ist.

Ich verehre diese Herrlichkeit
und widme ihr an diesem Abend
alles Streben meines Wesens,

werde ruhig darin –

Ps 37,40 | *Ja, der Herr ist ihr Helfer und Befreier,*
er errettet sie von dem Bösen, und er bewahrt sie.
Denn sie suchen bei ihm ihre Zuflucht.

Um Gottes willen

Ja, um deinetwillen, Gott,
erhebe ich meinen Sinn noch einmal zu dir.

Nicht wegen des Rests der Welt.
Die vielen anderen Widmungen
des Lebens
verblassen vor deinem Licht,
deiner Liebe,
deinem heiligen Willen.
Glücklich bin ich,
wenn ich mich nicht
verrenne in Konkurrenzen
mit deinem Willen.
Gut, wenn ich mein Wesen
an diesem Abend
einsammeln und einfinden kann

in deinen heiligen Willen –

MT 6,9 | *Dein Reich komme, dein Wille geschehe.*

Die andere Hälfte

Gott allen Lebens.
So, wie mein Wesen
eine verborgene Seite hat,
die in der Nacht zum Tragen kommt,
so auch der ganze Globus.
Dort, wo die Sonne jetzt hinwandert,
regt sich das Leben
in einen neuen Tag hinein.

Beide Rückseiten empfehle ich dir
in großem Staunen
über die Ergänzung im Geheimnis –

sie kommt von dir …

Weish 9,1f | *Gott der Väter und Herr des Erbarmens,
der du das All durch dein Wort geschaffen
und durch deine Weisheit den Menschen gebildet hast,
dass er über die von dir hervorgebrachten Geschöpfe
herrscht.*

GESUND

Gütiger Gott.
In meiner Abendbesinnung vor dir
beherzige ich dankbar
die Gesundheit,
die du mir geschenkt hast.
Ja, es ist gut und richtig,
sie dir mit allen Sinnen
zu danken.

Und mein ganzes Herz
in dieser Dankbarkeit
tragen zu lassen

in die Hallen der Nacht –

2 Kor 9,15 | *Dank sei Gott*
für seine unaussprechliche Gabe.

GNADE

Gott unseres Lebens.
Die große Gnade, innezuhalten.
Das wunderbare Geschenk, loszulassen.
Die Geschäfte aus der Hand zu legen
und die Hände in den Schoß.
Darum bitte ich dich
mit Leib und Seele.
Ja, in großem Vertrauen
auf deine Entlastung
gebe ich die Dinge
dieses Tages aus der Hand.
Mein Atem sagt es mir,
und meine schweren Augenlider,
auch mein Kuscheln und Liegen:
Hier soll die gesegnete Ruhe regieren,
in deren Nussschale du uns bettest.

Alle Schläfer und ihre Träume,
alle Wachenden und Harrenden
sollen getragen sein
vom Kraftfeld

deiner Gnade und Verheißung –

Ps 23,2f | *Er führt mich an Wasser der Ruhe,*
Erquickung spendet er meiner Seele.

Zum Autor

Albert Dexelmann, 1971 zum Priester geweiht, ist Pfarrer der Gemeinden in Arfurt und Runkel im Bistum Limburg. Er ist Verfasser zahlreicher Bücher im Verlag Herder, darunter vor allem pastoraler Arbeitshilfen; er ist auch E-Bike-Fahrer, Fotograf, Liederpfeifer, Pilzsammler, Narkoleptiker, enfant terrible, Kunstinterpret, Lyriker ...

adexelmann@t-online.de